JN172434

文字場面集

一字一絵

絵で読む漢字の世界

金子都美絵―画・文

太郎次郎社エディタス

［凡例］

◉本書に記載されている古代文字は、白川静『新訂 字統』(平凡社)を参考に、作者が書きおこしたものです。

◉大きな古代文字にそえた文字解説は、特記や*印のあるものをのぞき、『新訂 字統』からの引用・抜粋です。

◉本文中の引用・参考文献については、巻末に出典一覧を掲載しています。

漢字には風景がある、と思う。
名前でも、文章でも、そのなかの漢字を目にしたとき、
ふわあっと脳裏に広がるものがある。
「イメージ」というのか、「感じ」というのか、うまいことばが見つからないが、
しいていえば、それは「風景」なのではないかと思う。
文字にはそれぞれ生い立ちがあって、かれらは何千年ものあいだ、
自らのことをただひたすらに語りつづけているので、
知らずしらずその物語を感じとっているのかもしれない。
そして、ほんの一瞬、その物語の背後にある風景を見てしまっているのか。
文字として最初の形(古代文字)になる、その一歩手前の姿。
それは、モノだったりコトだったりするのだけれど、
その風景のなかのモノやコトが、わたしにはひとつの場面に見えてくるのだ。

それらの場面を絵にしてみました。
一文字に一場面、少しのことばをのせて。
なんの文字場面かわかるでしょうか?
謎解きをするように、それぞれの場面をご覧ください。

文字場面集

一字一絵 もくじ

【第一場】

空から白い羽が舞い落ちる

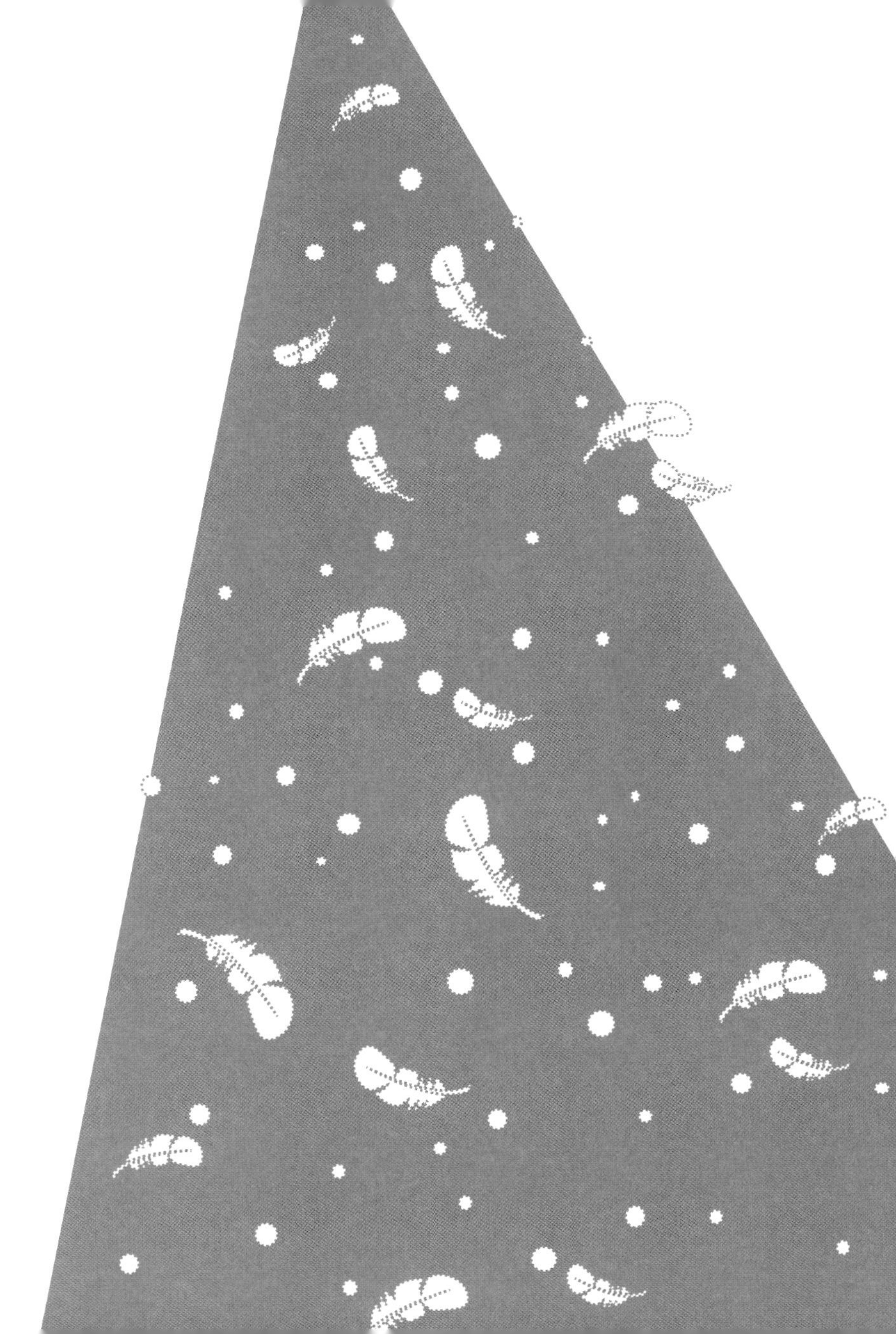

雪［雪］

セツ

ゆき・すすぐ

象形◎空から雪片が舞い落ちる形。
卜文（ぼくぶん）によると、雨の下に羽状のものが舞うような形である。
雪片が小枝などに附着した形とみられるものもある。
（白川静『新訂 字統』より抜粋。以下、特記や印のないものは同）

とても美しい文字だと思う。
空から雪片が舞い落ちる形の象形文字。
甲骨文字には、〈**雨**〉の下に羽のような形が書かれているものがある。
古代の人びとの自然に対する観察力の高さから考えると
それは雪の結晶の形なのかもしれないけれど、
つぎからつぎへと舞い落ちてくる白く儚(はかな)い雪片を、
まるで天翔(あまがけ)る神の使いがひらひらと落としていった
軽く繊細な羽根のようだと感じたのかもしれない。

自然のなかに在って、自然とともに、
自分たちも自然のもののひとつとして生きていた古代の人びとは、
しんしんと雪が降る澄みきった冬の静寂のなか、
空から落ちてくる白く軽やかな羽根を見上げて
いったいどんなことを考えたのだろうか。

【第二場】

男が、魚に涙を落とす

鰥

カン

おとこやもめ

会意◎魚と罘（とう）とに従う。罘は目から涙が落ちている形。老いて妻を失ったものをいう。寡（か）はやもめ。合わせて鰥寡（かんか）という。

「鰥寡孤独（かんかこどく）」ということばがある。

広辞苑によると、「妻を失った男と、夫を失った女と、みなしごと、老いて子のない者。よるべのない独り者。世にたよりのない身分の人」とある。

さらに故事成語辞典によると、

「この四者は政治的にもっとも困窮しているひとであるとされた」とある。

何千年もまえの世界も、現代も、世の中の状況はひとつも変わっていないらしい。

このことばの一番はじめの文字〈鰥（かん）〉は、「魚に涙をそそぐ」という形で、妻を失った男のこと。

『新訂字統』（白川静著、以下『字統』）には、「魚に涕（なみだ）をそそぐという字が鰥を意味するのは、魚を女性の象徴とする古い観念によるもの」で、

「鰥は亡妻に贈る魚に涕を垂れる悼亡（とうぼう）の儀礼を示す字であろう」とある。

古代の字形（右ページ）はそのまま、

目から落ちた涙が魚にそそがれている形につくられている。

この「目から涙が落ちている形」はエジプトのヒエログリフにもあるし、

漢字にはとてもよくみられるもので、

文字場面の表現には欠かせない形のひとつだと思う。

【第三場】

女の背後に鳥が寄りそう

*寡と同じ意味をもつ文字。
憂いに沈む女性の後ろに、
寄りそうように隹(とり)を添えた形。

寡

カ

やもめ・すくない

会意◎宀(べん)と頁(けつ)と人とに従う。
宀は廟屋(びょうおく)。頁は礼拝する人の姿で、
この字では手を加えた側身形にしるされている。
喪章を加えた婦人が廟中の霊を拝する形。

「鰥寡孤独(かんかこどく)」の〈**寡**(か)〉とは、未亡人のこと。

この字は、頭に麻の喪章をつけた婦人が、廟中(びょうちゅう)で亡き夫をしのんでいる姿に書かれる。

その憂いに沈む人の後ろに、寄りそうように鳥(隹)を添えた字があるという。

白川静氏によると、「これもおそらく寡と同じ意味であろうが、その鳥は、亡き夫の亡霊をしるしたものにちがいない」という。

古代の人は鳥について、人の霊魂が一時的に変化した姿である、という観念をもっていた。その自由に空を飛ぶ姿や、季節がめぐるごとにどこからともなく帰ってくる渡り鳥の神秘に、死んではまた生まれくる人の生命の不思議を重ねたのだろう。
現代のわたしたちでさえ、身近な人や生き物を亡くしたとき、その魂の行方について考える。ましてや、遠い昔の、いまよりずっと豊かな想像力をもつ古代の人びとにとって、鳥は当然、神の使者であり、祖先の霊であったりしたことだろう。
妻に先立たれた夫をあらわす〈鰥(かん)〉(第二場参照)を絵にするときもその象徴的な造字感覚にため息をついたものだが、
この「寡と同じ意味であろう字」から見える映像にも思わずうっとりとしてしまう。

時と場所をさだめて帰ってくる鳥の不思議な生態に、見えない霊の実在を思う……、亡くなった夫の魂が、遺した妻を心配して鳥になって背後に寄りそう……、
生きているあいだは「飛び立ちかねつ　鳥にしあらねば」(万葉集)である不自由な人間は、死んでようやく自由な鳥になり、心を残した人のもとに姿をあらわす……。
このなんというロマンティック！
こういう字形に出会うたびに、漢字が何千年も生きつづけている理由のひとつに、文字にこめられた美しい物語性というものがあるのだろうと思わずにはいられない。

【第四場】

後ろに心をのこす

愛

アイ

いつくしむ・したしむ

会意◎後ろを顧みて立つ人の形である旡(あい)と、心との会意字。後ろに心を残しながら、立ち去ろうとする人の姿を写したものであろう。

後ろを振りむいてたたずむ人の形と、心臓の形である〈心〉とを合わせた形。
背後に心を残しながら立ち去ろうとする人の姿であり、
文字の下部〈夊〉は、足を引いていくさまをあらわしている。
その心情を愛といい、「いつくしむ」の意味となる。
心意の定まらぬおぼろな状態をいう語だが、
こんなはっきりしない感情を、よく文字になどできたものだと感心する。
(古代文字のなかにある、後ろを顧みている人の形は、
〈疑〉の古い文字にも出てくる。)

キリスト教的な「愛」という概念や「全人類的愛」というのは、
わたしにはなかなか理解できないが、
この漢字から見えてくる「愛」なら、なんだかわかるような気がするのだ。
壮大な力強いものではなく、とても個人的な、しかもだれにでもある、
はかなくて、曖昧(あいまい)で、深くて、そして切ない感じ……。
日本語ではこれを「かなし」と読み、
後ろに心を残す、思いが心のなかにみちて、どうしようもない感情をいう。

【第五場】

たて糸に、よこ糸を通して布を織る

経［經］

ケイ・キョウ

たていと・いとなむ・ふる・すぎる

形声◎旧字は經に作り、巠声。巠は織機にたて糸を張り、その一端を工形の横木に巻きつけた形で、たて糸。經の初文。

旧字は〈經〉。〈巠〉は織機にたて糸を張りかけた形で、たて糸のこと。これに対し、よこ糸のことを「緯」といい、あわせて「経緯」（すじみち）という。儒家の経典とするものは「経」。これに付託しておこなわれた漢代の予言や占いの書を「緯書」というそうだ。

ものごとの理にそって生きていくうえで、何か迷いが生じたとき、人間以上の力にたよって解決しようとするのが、神秘的な解釈や占いであるとしたら、理にしたがってたてにすうっと通るものと、それをもとに横に行きつ戻りつするものの関係性は、まさしく織られた布のようだと思う。

漢字には糸に関する文字が多い。編む、織る、縫う、綴る……。

縄を編む、布を織る。織られた布は古代、魂を包んだり、霊を呼び寄せたりするものだった。

そしてまた、税として納められもした。糸とは、神と人とのあいだにおいても、人と社会とのあいだにおいても、意味深い重要な存在であったのだろう。

ところで、中国で古くから信仰されている女神、西王母（せいおうぼ）は、頭に「勝（しょう）」とよばれる簪（かんざし）をつけている。

崑崙山（こんろんさん）に住み、不老不死の薬を持つという、あの西王母だ。

『西王母と七夕伝承』（小南一郎著）によると、この「勝」は、織機にたて糸を巻きつけるための横木の「縢（しょう）（ちきり）」とつながりがあるのだという。

漢代の画像石に描かれた織機には、横木（縢）の両端に、西王母の「勝」と同じような形がみられる。

不老と再生をつかさどり、宇宙を采配する女神の象徴が、経糸（たていと）を繰りだす部分の形をしているなんて、その背後にある物語に興味はつきない。

〈**経**〉という文字の絵を描こうと書物を開きはじめたら、とんでもないところまできてしまった。

漢字はもともと、人と天とをつなぐものだったかもしれないが、どうやらその形を通じて、時間も空間もつなげてしまうものらしい。

【第六場】

透かし織りの布のむこうに見える もの

希

キ・ケ・チ

まれ・ねがう

象形◎すかし織りを加えた布の形。上部の爻(こう)はすかし織り、その下は布である。礼装のときにひざかけに用いる。

すかし織りの布の形の象形文字。上部の〈爻〉がその織り方を、下部の〈巾〉が布をあらわす。礼装のときのひざかけに用いられた。麻織の祭服を「絺(ち)」といい、字は〈希〉につらなる。織り目の粗いものを「綌(げき)」といった。中国最古の詩歌集である『詩経』に、「緑衣」という詩がある。古代、衣は魂を包むものとされていたので、亡き妻が織った形見の衣を見て、その人を想うという主旨のもの。

絺や綌や　（うす衣掲げたるに）
凄として風ふく　（秋風の冷たさよ）
我古人を思ふに　（亡き人を思い出ずれば）
實に我が心を獲たり　（魂あへる人なりけるを）（白川静訳注『詩経国風』）

絺綌は夏用の麻の薄い衣。もう秋風の肌寒いころだけれど、妻が織ってくれた衣をかけて、亡き人を懐かしむ——という詩。布に寄せて、二度と会うことのできない人を想う。

その薄ものの布をとおして、できることなら、もう一度会えないものか…と、儚いかなわぬ希いをいだく。

〈**希**〉という字は、もともとは「まれ」（数が少なくめずらしいようす）を意味していたが、のちに「まれ」には〈**稀**〉の字を使うようになり、〈**希**〉は「ねがう」の意に用いられる。文字の意味の変遷からみて、透かし織りのあらい織り目、その希少さから、遠くかすかな意となり、「ねがう」「のぞむ」……となっていく。

希望というのはそんな、布をとおして見るような、儚くて遠いうっすらとしたものなのかもしれない。

【第七場】

後ろから乗りかかるように抱きつき……

色

ショク・シキ

いろ

会意◎人と卩とに従う。卩は跪く人の形。人の後ろにまた人がおり、抱く形で相交わることを示す。

〈人〉と〈卩〉からなる字。ひざまずく人（卩）の後ろに人がいて、
乗りかかるようにして抱いている形の字。
つまり、人が交わることをあらわしている。
『字統』には「顔色などをいう字ではなく、男女のことをいう字。
飲食男女は、人の大欲の存するところである」とある。
同じように人が後ろから乗りかかる形でも、
獣の上に人が乗る形につくられている字は、〈犯〉だ。

文字の形をひもとくと、驚くとともに、なるほどと納得することが多い。
そこに艶（なまめ）かしい感じや、なんとなく落ち着かない感じを受けるのは、
文字が本来もっている映像を知らずしらず見ているからかもしれない。
それは、古代の人も、現代のわたしたちも、
共通の感覚をもちあわせているということか。
夜空を仰いで遠い昔の人と同じ星座を見るように、
文字をとおして過去の映像を見て、同じ感覚を味わっているのかもしれない。
漢字をつかうということは、ただちに
三千年もまえの人と同期しているということなのだ。
三千年後も同じだろうか。

文字掌話

「呑」と仙術——呑雲吐霧のはなし

「のみにいきましょう」と書こうとして、ふと考えた。「飲みに」なのか、「呑みに」なのか。

字書を開く。

「飲」の古代文字を見たとたん、すぐに、ああこっちだなと思った。

飲の古代文字〈 〉は、酒樽の上で人が口を開けている形。甲骨文字のなかには舌を出しているものまである。

では「呑」はどうか？ 古代文字の形〈 〉からは、あまりぴんとこない。声符は天（てん）、説文解字では咽喉（のど）もとのこととある。

こちらは「のむ」はのむでも、「のみこむ」「丸のみにする」ことで、相手をとりこむとか、滅ぼすなどの意味をふくむ。

「呑雲吐霧（どんうんとむ）」という文字面の美しいことばがある。

喫煙の表現に使われたりするようだが、本来は、雲を呑みこみ、霧を吐くこと。仙人の使う方術のひとつ。

また、穀類をとらずに、気を養うという修行法をいう。

仙人の方術というのはおもしろい。

小さなものに大きなものが入ったり、時間がのびたり縮んだり、あちらとこちら

がいれかわったり、空が飛べたり、雲の中に入れたり、火の中でも水の中でも平気で、病気も怪我もせず、空気だけ食べて生きていけたり。

究極は、年をとらない、ずっと死なない。

金丹を服用したり、特殊な呼吸法を習得することでそれは実現可能らしい。

人はつねに仙人にあこがれつづけた。

壺公（ここう）という薬売りが入っていく空っぽの壺の中には、豊かな仙宮の世界があるという。

女几（じょき）という酒売りの女は、仙人が置いていった巻物に書いてあった男女交接の術を実践して、どんどん、どんどん若返ったとか。

秦の始皇帝も、漢の武帝も、不死の薬を追い求めたが手に入らなかった。

古来、人の欲はつきることがない。

文字の歴史はそのまま人間の欲の歴史だと思う。

文字を見るとき、使うとき、なぜその文字が存在しているのかを考える。その文字で綴られてきたさまざまな物語を思い、そして想像を膨らませているあいだに、どこにでも行けるし、なんにでもなれるし、時間もあっという間にすぎる。とくになんの方術もつかわず。

【第八場】

火を手に持ち、水底を照らす

深

シン

ふかい

形声◎声符は罙。罙は火をもって穴中を照らす形で、奥深いところを火で照らし、ものを探す意である。水中のものを探るを深という。

探

タン

さぐる・さがす・たずねる

形声◎声符は罙。穴中に限らず、すべてものを捜求すること、また探訪・探勝のように用いる。

〈**深**〉も〈**探**〉も、もともとは〈**穴**〉と、火を持つ手からなる字。
火を持って穴の中を照らす形で、
奥深いところを火で照らし、ものを探す意味をあらわしている。

古い中国の文献（礼記、楽記）に「高きを窮め遠きを極めて、深厚を測る」とあり、山を測るを「厚」といい、水を測るを「深」といったという（『字統』）。

火を手に持つ形をふくむ字は多い。たとえば、〈**捜**〉〈**探**〉〈**深**〉。燭台の火をあらわした形の字もある。たとえば、〈**主**〉〈**柱**〉〈**注**〉。どれも、どこか神聖な、崇高な、しんとしたイメージの字であるような気がする。火は本来、その明かりで暗闇を照らすものだ。穴の奥や水の底だけではなく、あらゆるものを捜求すること、奥深い闇を探り、道を究めるために人は火を持ち、その先にあるなにかを照らすのだと思う。

二千三百年ほどまえの五月五日、詩人で政治家でもあった楚（そ）の国の屈原（くつげん）が、濁った世の中に絶望し、汨羅（べきら）の淵に身を投じた。楚の国の人びとは、魚が屈原の死体を食べないよう、川にちまきを投げたという。屈原の清く崇高な魂は、いまでも深い水のなかに沈んでいるのだろうか？できることなら、火をかざし、捜しだしてみたい。五月五日をまえに、新聞を読んでいて、そんなことを思った。

【第九場】

火で廟中(びょうちゅう)を照らす長老の姿

叟

ソウ・シュウ

としより

会意◎正字は叜に作り、宀と火と又とに従う。宀は廟屋。廟屋中で手(又)に火を執る者は家の長老であるから、長老を叟という。

あまり見慣れない字だろうか、〈**捜**〉(さがす)の右側だけの字で、意味としては「としより」をあらわす。

辞書には「(1)おきな。おやじ。老人。(2)老人の敬称」(広辞苑)とある。

もともとの字は、〈**宀**〉に〈**火**〉と〈**又**〉と書く。

廟屋(宀)のなかで、手(又)に火を持つ——それは家の長老をあらわしている。

それで、年老いた人のことを〈叟〉(そう)という。
しんと静まりかえった深夜、暗い廟中(びょうちゅう)で燭(しょく)を手に持ち、
儀礼をとりしきる厳かな長老の姿……。
夜どおしおこなわれる神聖な祭祀において、多くの知恵と経験をもち、
静かに厳粛に儀礼を進めていく年を重ねた人の姿は、
一族の者たちに深い尊敬の念と憧れを抱かせ、
日々の暮らしや将来の不安にたちむかっていくための
どっしりとした心構えを伝えたにちがいない。
静かに暗闇を照らす……、きっと、老人とは本来そういう存在なのだ。
若者たちは、年を重ねた目のまえの人を宝物のように思っていたにちがいない。

三千年前もいまも、「手に火を持つこと」は、
暗闇のなかで何かを捜すための必要な「かたち」なのだ。
それで、〈叟〉の字は〈捜〉(さがす)となる。
火は見識のある静かな落ち着いた者が持ってこそ、闇を照らし、
何かを捜しだす光となるのかもしれない。
その使い道はけっして間違えてはいけないものだから。

【第十場】

穴の中には竜がいる……

究

キュウ・ク

きわめる・はかる

形声◎声符は九(きゅう)。

九は竜がその身を究曲している形で、究曲の義がある。穹・究・窮の三字はみな声義の近い字であるが、それぞれ慣用上の区別があり、穹は穹窿(きゅうりゅう)でドーム形、窮は身を窮曲する形、究は探索しつくす意である。

穴の中で、竜がその身を折り曲げている形。
大きな身体の竜が、長い長い胴だか尾だかを折り曲げ、身をかがめ、
山の穴の奥深く、窮屈な形で入りこんでいる……。
〈**究**〉という字は「きわめる、きわめつくす」の意味に用いる。

古代、廟中での虫をつかった呪儀（じゅぎ）があり、
それをあらわす字に似ていることから「はかりごと」の意もあるが、
わたしはこの「穴の中で窮屈な思いをしている竜」のイメージがものすごく好きだ。
究極、究明、探究、研究……、すべて物事をきわめつくすことには
さまざまな苦労がともなう。
身をかがめ、窮屈な思いをしながら、無我夢中で入りこんでいった世界、
深い深い穴の中から出るに出られぬ状態になってしまうことも多々あるにちがいない。

まわりが何も見えなくなるほど必死で何かを追究していくなかで、
そんな困難にであったとき、この字を絵にして考えてみるといいかもしれない。
竜は少し困ってはいるけれど、なんとなく楽しんでもいるのだ。
絵のなかの竜の顔によっては、少し救われた気持ちになれるかもしれない。

【第十一場】

穴の奥、進むことも退くこともままならず……

窮

キュウ

きわまる・くるしむ

会意◎穴と躬とに従う。穴中に躬（身）をおく形で、身体を屈曲する窮屈さをいう。もと刑罰の意を含むものであろう。

〈**穴**〉の中に〈**躬**〉をおく形。〈**身**〉は直身、〈**躬**〉は曲身のこと。

「智に働けば角が立つ。情に棹させば流される。意地を通せば窮屈だ」（夏目漱石『草枕』）の「窮」。

窮屈とは、ゆとりがなく、自由に動きがとれないこと。

ことばのもつイメージとしては、不自由だけれども、まだ逃げ道がありそうな感じだ。

しかし、〈窮〉の字形からは、もっとせっぱつまった究極の、
追いつめられた人間の状態がみえてくる。

狭く暗い穴の奥深く、前にも後ろにも逃げ場のない状況に追いつめられた人の恐怖と絶望。

古い字形では、〈身〉の右側(呂)は脊椎の形らしいが、屈曲の意味から〈弓〉となる。

その弓形の張りつめた脊椎を思うだけでも、背中がつらい。

一方、上下・両木の狭い空間に押しこめられる刑罰をあらわす形は〈亟〉。

そうやって殛死させる場所を〈極〉といい、窮極とは「きわまること」「はて」をいう。

文字にあらわされた場面には、ときに目を覆いたくなるような、ぞっとするものがある。


荘子の『逍遥遊篇』に、「窮髪の北に冥海なるものあり、天池なり」で始まる文章がある。

この「窮髪」とは、草木も生えない極北の荒地のことだそうだ。

なんだかすごい表現だなと思いつつ、ほかの熟語も気になって、『字通』の「窮」の項を見てみる。

窮陰＝冬の末。窮遠＝遠い果てまでゆく。窮期＝尽きる時。

窮魚＝水が枯れて苦しむ魚。窮愁＝困窮のかなしみ。

窮辱＝困窮して恥辱を受ける。……ああ、どれも、なんてつらい。

窮鼠＝追いつめられた鼠。……窮鼠、猫を噛む！

ああそうだ、追いつめられても必死の反撃をすれば、状況は好転するかもしれない。

「窮すれば通ず」ということばもある。

【第十二場】

水鑑（みずかがみ）に映る自分を、上からじっと見る

覧［覽］

ラン

みる・ながめる

会意◎旧字は覽に作り、監と見とに従う。
監は鑑の初文で、水盤（皿）に
自分の面をうつす形。
その映る面を見ることを覧という。

〈**覧**〉は、〈**監**〉と〈**見**〉からなる字。
そして〈**監**〉は、〈**臥**〉と〈**皿**〉よりなる。
〈**臥**〉は人が伏して下方を見る形で、〈**皿**〉は水盤。
水を入れた水盤、すなわち「みずかがみ」に自分の姿を映し、
その映る姿を上から見ることを〈**覧**〉という。

それは、ただ自分の顔を鏡に映して見ることをいうのではなく、上方から伏して下方を見る——という行為をさしている。上から見るのは神の視点だ。つまり、神が天上より下界を「ご覧になる」こと。

「明鏡止水」とは邪念のない静かに澄んだ心境をいうことばだが、曇りのない鏡のような静かな水というのは、それだけでとても神聖なイメージをもつ。その澄みきった水面に映る自分の面を上方から見る、波を立てないように、息をひそめて、静かに、落ち着いて。〈**覧**〉という字は本来は、そのような尊貴な「覧る」行為をいう。

わたしの郷里、四国の徳島県に「井戸寺」(十七番札所)という寺がある。そこには弘法大師が掘ったといわれる「面影の井戸」というのがあって、井戸をのぞいて、底の水面に自分の面が映ればご利益があるとか、地元では、正直者だとか、長生きができるとか……といわれている。

帰るたびにかならずのぞきに行くのだが、なぜか、いつもドキドキする。いくつになっても、「顔が映らなかったらどうしよう、違う顔が映ったらどうしよう」と心配になってしまうのだ。

心にヤマシイところがあるに違いない。

【第十三場】

器の水で両手を洗う

盥

カン

たらい・てあらう

会意◎水と臼と皿とに従う。臼は左右の手。皿は盤。盤中で両手を洗う形で、その器を盥という。

〈**水**〉と〈**臼**〉と〈**皿**〉からなる字。
盤(皿)の中の水で両手(臼)を洗う形。
その器のことを〈**盥**〉(たらい)という。
「たらい」を漢字で書ける人がどれくらいいるのか知らないけれど、

わたしは最近までそんな文字があることすら知らなかったし、
初めて見たときも、当然すぐにはおぼえられなかった。
でも、一度絵に描くと、まずまちがいなく、おぼえることのできる字だと思う。
漢字にはそういうものがたくさんある。
文字の形態素として、〈臼〉が両手をあらわすこと、〈皿〉が水をいれる盤をあらわすこと、
そして、〈水〉。それさえ頭に入っていれば、かならず書くことができる。
〈臼〉は下向きの両手で、その手のあいだに〈水〉がある。
自分でやってみると、まさしくそれは手を洗っている形だと思う。
ところが、水道でジャージャーと洗うのとは違い、盤(器)をつかって手を洗うと、
なにやら少し儀式めく。動作が自然とていねいにゆるりとなるのだ。

古い時代には、盤をもって沐浴した。

髪を洗うことを「沐(もく)」といい、身を洗うことを「浴」といった。

洗う場所によって、みな字が違う。顔を洗うことは「頮(かい)」、足を洗うことは「洗」という。

それぞれにわざわざ文字がつくられるということは、
その動作に大きな意味があったということだろう。

人が神に対するときは、かならず身を浄めるものだ。

それはやはり、ジャージャーとかバシャバシャではなく、たぶん、静かに、ていねいに。

【第十四場】

あふれるたっぷりの水、ゆたかな太ももの女

盈

エイ

みちる

会意◎夃(こ)と皿(べい)とに従う。夃は坐している人の膝(ひざ)の肉がゆたかにあらわれている形。皿は盥盤(かんばん)の形。盥(たらい)に人が坐して、あふれるようなさまをいう。

大きなたらいのなかに人が座って、水があふれている場面。
その人は膝がしらの丸い、下半身のゆたかな女の人。沐浴のために座る。あふれる水。

月のみちかけを盈虚（えいきょ）という。
盥（たらい）に張った水のような美しい満月は、しかし、かならず欠けていく。
古代中国では、人は「充満」を恐れたという。
『易経』に「天道は盈（み）つるを欠きて謙に益（ま）し、地道は盈つるを変じて謙に流れ、
鬼神は盈つるを害して謙に福（さいわい）し、人道は盈つるを悪（にく）みて謙を好む」とあり、
天道には月のみちかけを、地道には水流を例にとる。
鬼神は権勢をふるっているものには災いを、謙虚なものには福をもたらし、
人道では盈(たかぶるもの)を憎んで、謙(へりくだるもの)を好むのだ、と。それで
「日中（ひちゅう）すればかたむき、月盈（つきみ）つれば食（か）く。天地の盈虚は時と消息す」という。
太陽は中天にのぼると、つぎには傾く。月は満月になれば、かならず欠けていく。
天地のすべての盈虚は、時とともに移りゆく——。諸行無常、栄枯盛衰。
この世の中のだいたいのことは、古い書物にすでに書いてある。
調べれば調べるほど、書物のなかから、汲めども尽きぬ泉のように
とめどなくいろんな知識があふれてくる。
そしてまた、漢字一文字にこめられた、文字をつくった人たちの深い深い魂を思う。

文字学話

「羿」の神話――太陽を射落としたはなし

はるか太古の昔、太陽は十個あったという。

太陽たちは、東方の天帝である帝俊の子どもたちだった。毎日規則正しく順番にひとつずつ当番にあたり、定められたコースを正確に運行していた十個の太陽たちは、何千万年もたつうちに、それが少しつまらなくなってきた。

それで、みんなで相談し、ある朝、大きな音をたてて十個いっせいに飛びだした。それぞれが好き勝手に、広大無限の天空を飛びまわったのだ。

十個の太陽がいっせいに照らす大地は、明るすぎ、熱すぎた。その強烈なまぶしさと熱で、草木は枯れ、水は沸騰し、地球上は生き物にとって地獄の世界となってしまった。

太陽たちの親である帝俊は人びとの苦しみを見かね、弓の名手である天神の羿（げい）を呼んで、言うことをきかないいたずら好きの子どもたちを少し懲らしめるようにと命じた。

地上に降りた羿は使命感に燃えていた。また、地上の王の苦しみや、危害を受けている人びとを目にして、太陽に激しい怒り

を感じた。人民の期待を一身に受け、正義感と情熱に燃える羿は、決意をこめて天をにらんだ。そして、ゆっくりと弓を引きしぼり、狙いを定め、天上の赤い玉に向けて矢を放ったのだった。

矢は一個の太陽に命中し、太陽は真っ赤な火の玉となって落ちてきた。

さらに羿はつぎつぎと矢をつがえ、

弓を引き、逃げようとする太陽を射落としていく。天空の火の球たちは音も立てずに破裂し、流れ火が飛び散り、無数の金色の羽が舞ったという。矢に射抜かれていたのは、三本足の黄金色の鳥だった。羿がつぎからつぎへと矢を放ち、憎むべき太陽たちを九つまで射落としたとき、地上の王は、太陽が人民にとって必要不可欠でもあることを思い出し、最後のひとつを射落とすのをとめた。ひとつだけ残った太陽は、恐ろしさのあまりおとなしくなった。

地上の人びとの苦しみはとりのぞかれたが、天帝の子どもたちを懲らしめるだけのはずが、結果として十個の太陽のうち九個までも射落としてしまった羿は、その後、地上に住み、天へはもどらなかったという。

【第十五場】

ほうきで空を掃除する

彗

スイ・セイ

ほうき

会意◎手（又（ゆう））に帚（ほうき）をもつ形。

＊祓い清めるための帚であると同時に、古くから彗星（ほうきぼし）の意につかわれた。

本当の学校事務の話をしよう

ひろがる職分とこれからの公教育　柳澤靖明著

教材選定のしくみづくりで教員をサポート、就学援助制度を「事務室だより」で周知、学校内外からの協力を得るハブに。事務職員の日々の業務とあらたな役割を、実践と理論の両面から語る。　四六判・本体2000円

日本の子連れ再婚家庭

再婚して幸せですか？　新川てるえ著

再婚はゴールではなかった——。当事者119人へのアンケート調査と追跡インタビューによって、初めて語られた本音と証言。その実態を伝え、再婚時代の家族のかたちを考える。サポート情報も収録。　A5判・本体2000円

PTAがやっぱりコワい人のための本

大塚玲子著

いつのまにか増えている仕事、保護者の対立が泥沼化する理由、ポイント制の罠など、負の連鎖がおこる仕組みを豊富な取材で解明。「意外と悪くなかったPTA」となるための出口はどこに!?　四六判・本体1500円

保護者はなぜ「いじめ」から遠ざけられるのか

平墳雅弘著

学校のいじめ調査・対策とは何か。なぜ紋切り型の記者会見がくり返され、保護者が知りたいことは霧の中に残されるのか——。世間と乖離する学校事情を明らかにし、いま何が必要なのかを伝える。　四六判・本体1400円

できる！ つかえる！ ことば遊びセレクション

向井吉人著

しりとり、だじゃれ、かぞえうた、漢字のなぞなぞ……。ことば遊びの教育実践を長年続けてきた著者による、60の技法と極意。遊んでつくって表現できる、日本語づかいの玉手箱。ブックガイドも収録。　B5判・本体1600円

2017年
9月刊

たたく·つぶす·まぜる·きる　　**石井由紀子**著・**はまさきはるこ**絵

2歳からできる台所しごと（仮）

台所には幼児をひきつける体験がいっぱい。子どもの動作と五感が全力で育つ声かけ・提示の方法と、楽しんでおいしくつくれるレシピ18品。人気の親子料理教室「こどもキッチン」のエッセンスが1冊に。　**A5判・予価：本体1600円**

13歳までにやっておくべき 50の冒険

P. バッカラリオ&T. ペルチヴァーレ著

発見しろ、考えろ、夢を見ろ――。木登り、凧あげ、廃墟探検。玩具を分解し、魔法薬を調合せよ！　イタリア児童文学作家が贈る話題のイラストブック。日本版「野外学校リスト」を収録。　**四六変型判・本体1600円**

平林さん、自然を観る

平林浩著

「左手にサイエンス、右手にロマンの人だ」（柳生博さん評）。子どもたちに科学を教えつづけている著者が、その知見を携えて自然のなかを歩き、探し、出会い、そして観る。信州の野山で、日々の東京でみつけた、見えているのに見えない自然を活写する観察記。　**四六判・本体1700円**

遠山啓　行動する数楽者の思想と仕事

友兼清治編著

先駆的な数学研究、水道方式と量の体系、数学教育の現代化、障害児の原教科教育、競争原理批判……。数学者・教育者・思想家にして教育運動の実践者。その仕事の全貌を本人の著述とともに描きだす。「遠山啓著作集」の編集者がまとめた初の評伝。　**四六判・本体3000円**

あたらしい憲法草案のはなし

自爆連（自民党の憲法改正草案を爆発的にひろめる有志連合）著

「国民が国家をしばる約束」から「国家と国民が協力してつくる『公の秩序』」へ――。草案が提案する憲法観の大転換を、起草者の論理と願望によりそって語る。各分野から推薦続々。好評10刷。　**四六判・本体741円**

太郎次郎社エディタス

新刊案内 2017秋冬

表示価格は2017年8月現在の
税別・本体価格です

ヒロのちつじょ

書評続々

佐藤美紗代著

2017年6月刊
B5変型判・96ページ
本体1400円+税

距離をつめない愛がこぼれる観察的イラストエッセイ

彼には、変わった癖やこだわりがある。そこには彼の世界がつまっている。その無数のこだわりのなかに、ヒロの「秩序」があるのだ。ダウン症の兄の日常を、大学生の妹が絶妙な距離感でほんわかと描きだす。解説=最首悟。

卓上の生涯

チェ・ゲバラ

異色!

チャンキー松本+いぬんこ絵
伊高浩昭監修

2017年8月刊
17.4cm×17.4cm・カード16枚
本体1500円+税

ゲバラ没後50周年に放つ“革命的”ビジュアル・バイオグラフィ

デフォルメ炸裂の16の名場面を【見て】、人物伝を【読み】つつたどり、全場面を【つなぎ】あわせると、70cm四方の一枚絵が完成! 伝説のゲリラ戦士の生涯を、人気の絵本作家ユニットが独自の世界観で甦らせる。

手（又）にほうきを持つ形。
掃除の〈掃〉や、婦人の〈婦〉にある〈帚（そう）〉（ほうき）は、ただ掃除をするためのものではない。
神聖な場所を祓（はら）い清めるための大切な道具だ。
ほうきで掃くことは、知らずしらずその場に積もった
さまざまな邪悪を祓い、清々しくし、
神霊が降りてくることができるように、つねに神聖な状態を保つことでもある。

彗星（すいせい）の〈彗〉は、そうした〈帚〉を手に持つ形。

わたしたち同様、古代の人にとっても日月星辰（じつげつせいしん）は、
風や雲や雨などよりもはるかに遠い存在だった。

それらのもつ規則性や美しさは、きっと、ものすごく神聖なイメージを
人びとに与えたのではないだろうか。

物理学者・中谷宇吉郎氏の「雪は天から送られた手紙である」ということばは有名だが、

『字統』のなかで白川静氏は、古代の人びとが
「彗星は空を掃除するものと考えたのであろう」といっている。

絵心をくすぐるような表現だと思う。

「月では兎（うさぎ）が不老長寿の薬をつくり、彗星は空を掃除し、雪は天からの手紙である」

——素敵な絵になりそうだ。

【第十六場】

殻(から)の中の空虚、からっぽの瓢簞(ひょうたん)

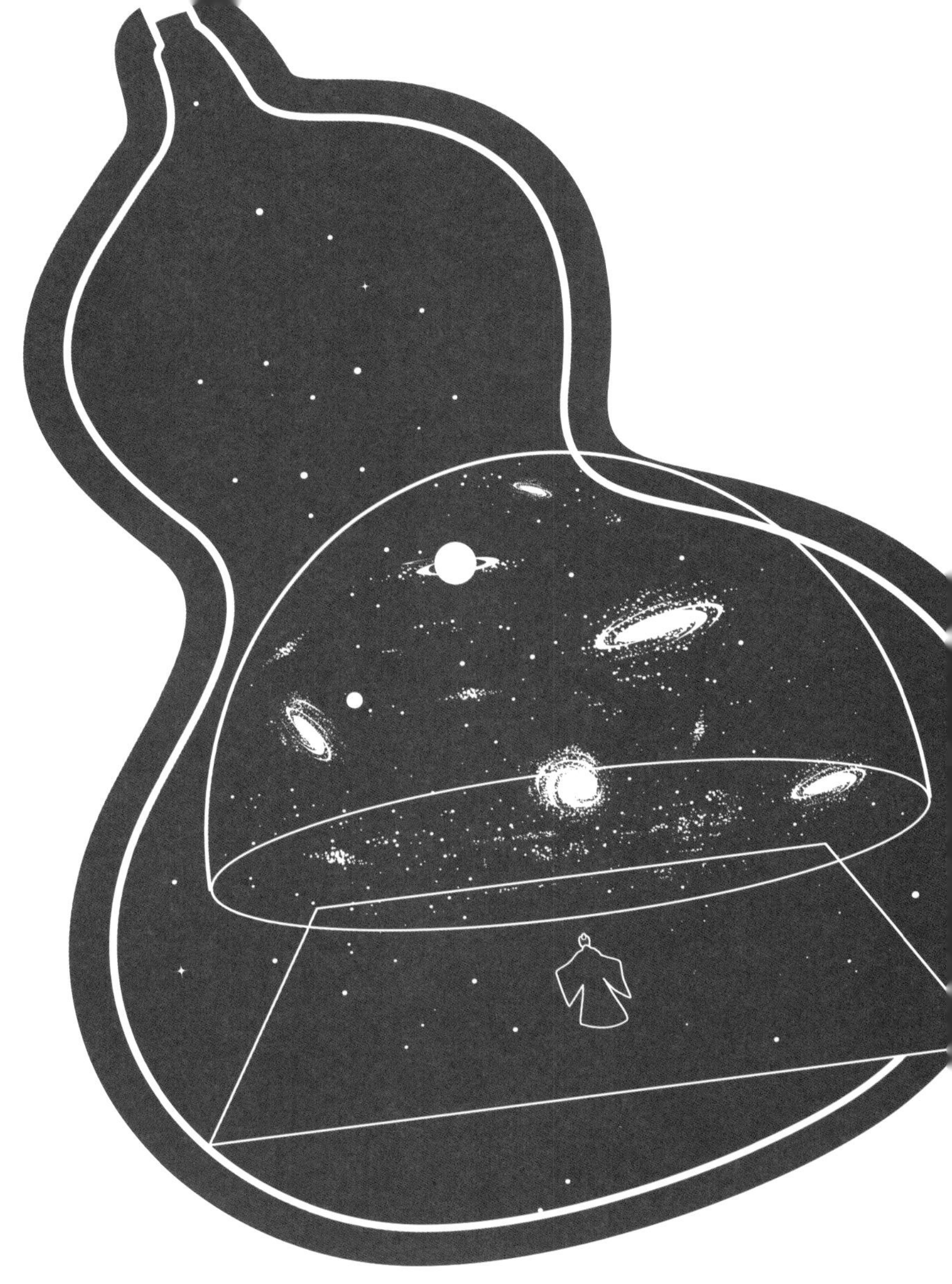

宙

チュウ
そら

形声◎声符は由。
宇・宙はともに宀に従うていて建物の象であり、
宙は空間を示す語であったはずであるが、
のち分別して空間を宇、
時間を宙としたのであろう。

声符は由。

〔説文解字〕に「舟輿の極り覆ふ所なり」とあり、水行陸行の果てまでを覆う意とする。

天が地を覆うという意であろう。

〔淮南子、斉俗訓〕に「往古來今、之を宙と謂ひ、四方上下、之を宇と謂ふ」とあって、
宙を時間、宇を空間の意とする。（『字統』「宙」の項から）

……と、ここまで読むと、なんとダイナミックな！　さすが中国！　と感動するのだが、
字形的にはちょっと違う。
〈宇〉〈宙〉はともに、屋根の形の〈宀〉に従っていて、建物の部分名称であったらしく、
〈宇〉は屋根の水落ちのところのことで、〈宙〉は棟梁（とうりょう）のことだったようだ。
〈由〉というのは、はじめの形は〈卣〉（ゆう）で、ひさごなどの実が熟して溶けだし、
殻の中が空虚となった形、つまりカラッポのひょうたんのこと。
それで、内実のないもののことを〈宙〉というようだ。

しかし、カラッポのひょうたんもまた、中国の古典には欠かせない。
「壺中天（こちゅうてん）」とは、ひょうたん形の壺の中には仙人の住む別天地があるという話。
西遊記にも、名前を呼ばれて返事をすると吸いこまれてしまう、というひょうたんの話が出てくる。
何もない状態とは、すべてのものが入ってしまうという状態――まさしく「宇宙」のこと。
古代中国の宇宙観である「天円地方」でいうと、
方形の大地を覆う円形の天の中は、
カラッポの「宇」であると同時に、あらゆるものが存在する「宙」であるのだ。
小さくて大きい、早くて遅い、重くて軽い……、
時間も空間も飛びこえてしまう不思議の世界。
瓢（ひさご）のなかには宇宙がある。

【第十七場】

天の形体はまんまるで、二つの蓋を合わせたようである

二十八宿は蓋の骨に似ている

蓋

ガイ・コウ

おおう・ふた・けだし

形声◎声符は盍。盍は器物に蓋をする形で、その声義を承ける字である。

〈艹〉(くさかんむり)と、器物にふたをする形の字。
字形からくるもとの意味は、ちがや(茅)などで屋をおおうこと。
それで、覆う意味となったと、『字統』にはある。
車蓋とは馬車の上にたてる傘。仏像などの上にかざす笠状の装飾を天蓋という。

北宋の科学者、蘇頌が書いた『新儀象法要』のなかに、こんな記述がある。

> 天の形体はまんまるで、二つの蓋を合わせたようである。
> 南北両極は二つの蓋の心棒を通す轂に似ており、二十八宿は蓋の骨に似ている。
> ――『周礼』考工記に、「蓋弓は二十八本で、星になぞらえる」、注にいう、「蓋弓とは蓋の骨である」、と。そうだとすれば、昔の蓋というものを設けたひとも、やはり天を手本にしていたのである。（山田慶兒・土屋榮夫『復元　水運儀象台』）

『新儀象法要』とは十一世紀・宋の時代の、天文観測器械の仕様書のようなもの。

『周礼』考工記は、古代の車・兵器・楽器などの製作や宮室造営の技術が説かれている書。

つまり、宋の時代の人が、さらに古い時代の技術書を見て、「昔の人も天を手本にしていたのだなあ…」と感心しているということ。

難しい話はさておき、学者たちのその純粋、ああ、いいなあと思った。


〈皿〉という形をもつ文字は、みなおもしろい。

文字のなかの〈皿〉は水を張った器で、鑑のことらしいが、

〈監〉はそこに自分の姿を映す形。心のすべてを映すようす。

〈盈〉は、たらい(盥)で沐浴をする豊満な人で、たっぷりと満ちているさま、満月。

そして〈蓋〉は、天をまるごと鑑に映すイメージ。大きな傘の中の宇宙をすべて盥の中に。

【第十八場】

手を翻せば雲となり、手を覆せば雨となる

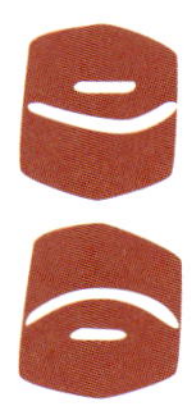

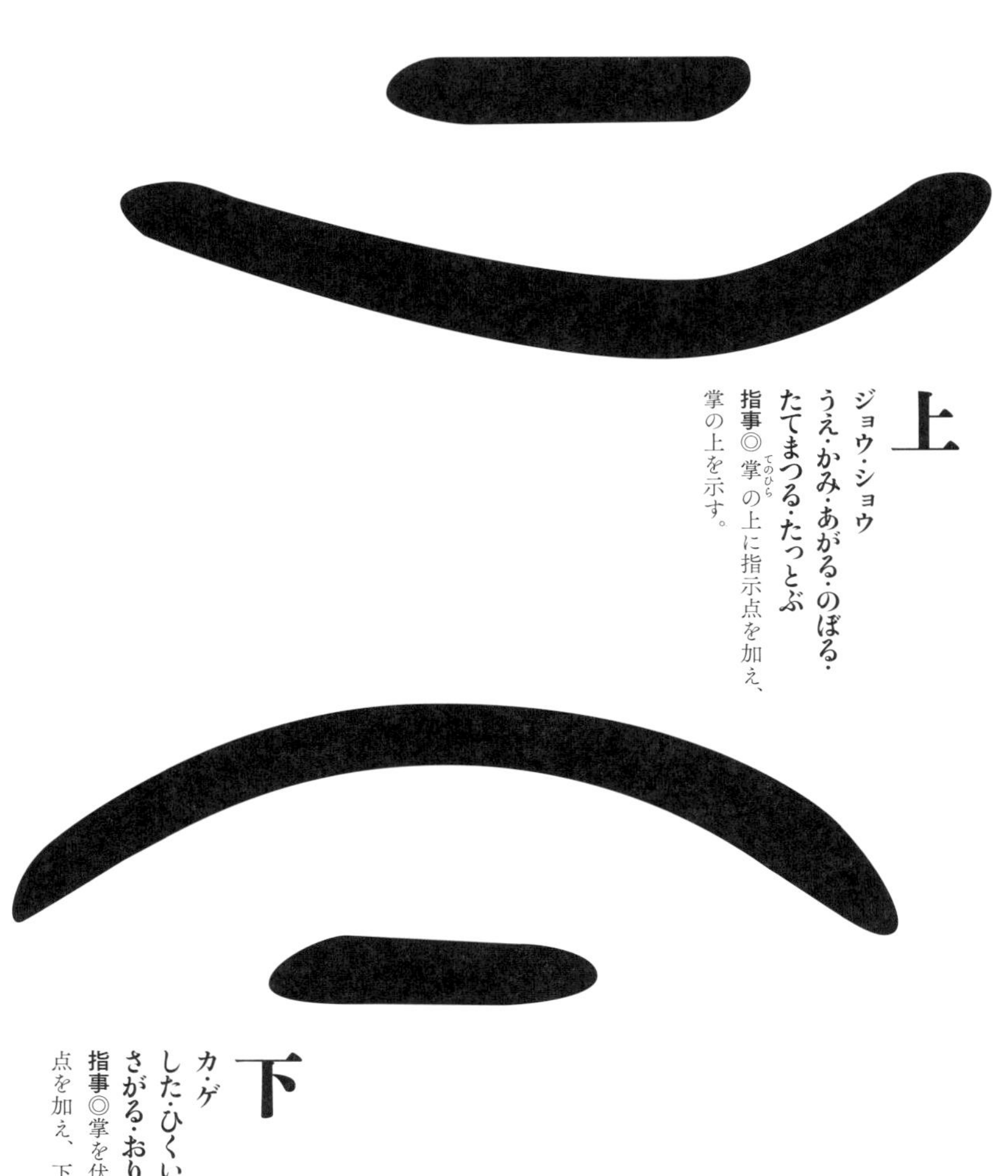

上

ジョウ・ショウ
うえ・かみ・あがる・のぼる・たてまつる・たっとぶ
指事◎掌(てのひら)の上に指示点を加え、掌の上を示す。

下

カ・ゲ
した・ひくい・くだる・さがる・おりる
指事◎掌を伏せ、その下に点を加え、下方を指示する。

〈上〉は掌（てのひら）の上に、〈下〉は掌の下に指示点を加えたのがもとの形。文字としてはそのようなシンプルな記号的なものだが、上下を示すのに掌を用いてあらわすというところが、漢字の映像的なところだと思う。

〈右〉や〈左〉も、もともと手を用いて表現した字だが、人の手というのは身体のなかでも、とても表現力のある魅力的な部位だ。その動きひとつで舞踊のごとく、詩のごとく、その空間に形を残す。

「掌を返すように」という言い方がある。がらりと態度を変えること。日常でもどちらかというと、あまりいいイメージでは使われない。漢詩では杜甫（とほ）が、『貧交行』という詩でそのような世情をうたい、

翻手作雲覆手雨　（手を翻せば雲となり、手を覆せば雨となる）
紛紛軽薄何須数　（紛々たる軽薄　何ぞ数うるを須（もち）いん……）

と、世の軽薄を嘆くのだった。

はじめてこの詩を目にしたとき、わたしは、漢字の世界の詩人たちは世情を嘆くときさえ、こんなに美しい表現をするのかと、べつの意味で感動したのを、字書を見ながら思い出した。

【第十九場】

一本の杖(つえ)を両方から引きあう

争［爭］

ソウ

あらそう

会意◎旧字は爭に作り、杖形（つえがた）のものを両端より相引いて争う形。爪（そう）と又（ゆう）は手の形。

杖のようなものを両端から引きあって、争う形。

杖は古来、貴い人を象徴するアイテムだ。

世界中、あらゆる時代の絵や写真のなかに、賢者や老人、権力をもつ者などがそれを手に持つ姿を目にする。

古墳から発掘される玉杖（ぎょくじょう）などというものは、王や豪族が権威を示す装身具で、神を招く神秘的な呪術性をもつ儀器であったようだ（矢野憲一『杖』）。

そんな大切な杖は、人に奪われるわけにはいかない。盗られるとなると、必死にこちらも引っぱるだろう。両者ともその手に力が入る。古代文字の形を見ていると、まるで綱引きでもしているかのような気持ちになる。ああ、争うとはそういうことだと、あらためて思う。杖を引きあうというのはひとつの象徴にすぎないけれど、歴史上でも現代でも、人はつねに何かを奪いあっている。この字形が示すように、一本の杖を引きあうようにして。

『字通』（白川静）の「争」項の「争奪」のところに『礼記（らいき）』からの引用がある。「信を講じ睦（ぼく）を脩（おさ）む、之（こ）れを人の利と謂（い）ふ。争奪相ひ殺す、之れを人の患と謂ふ」——たがいに信頼しうるように努め、親睦を深くすることが、万人の利益であり、たがいに奪い殺しあうのは、万人の災害である。紀元前の人のことばだ。

【第二十場】

両手で斤(おの)をさしあげる

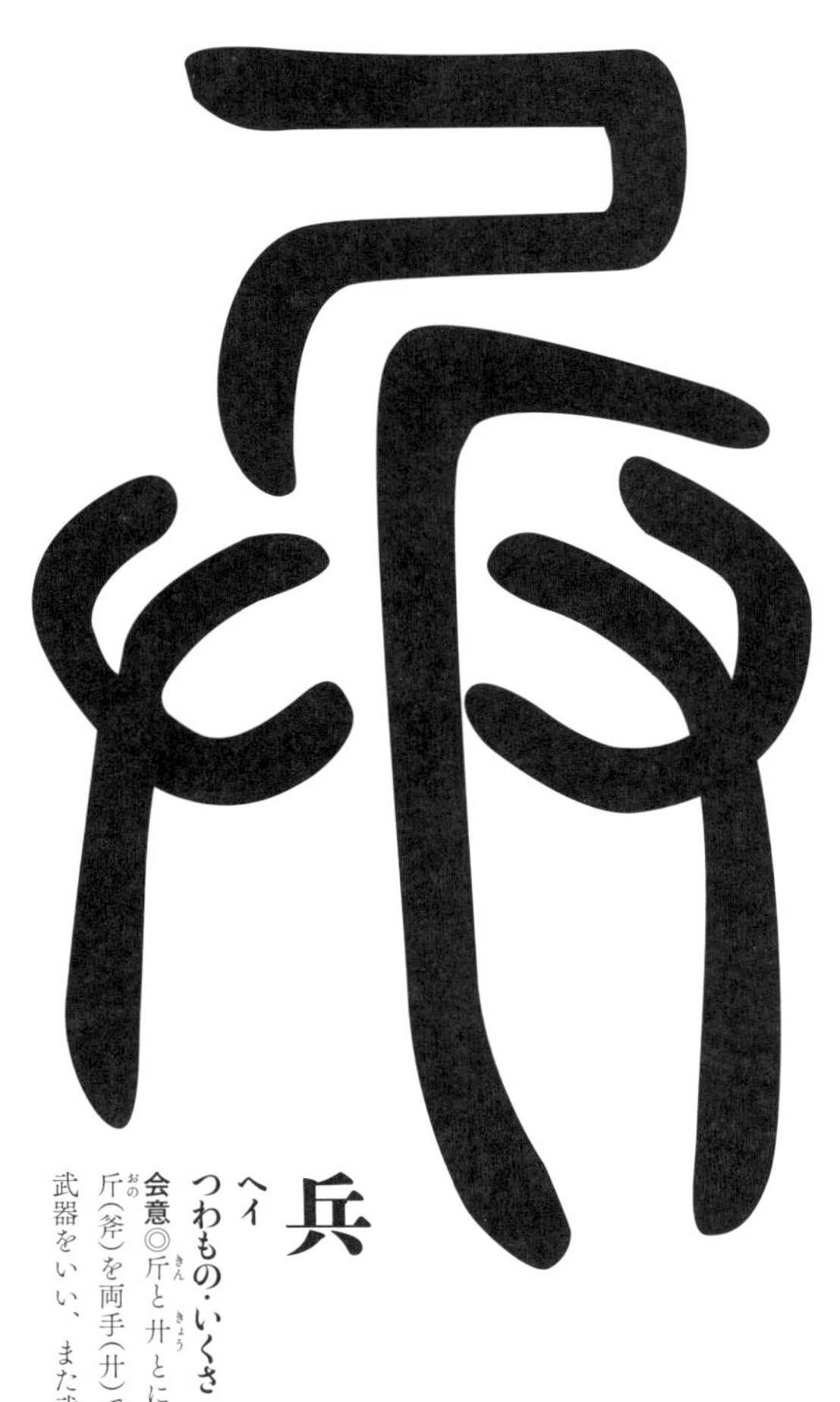

兵

ヘイ

つわもの・いくさ

会意◎斤（きん）と廾（きょう）とに従う。斤（おの）（斧）を両手（廾）でさしあげている形。武器をいい、また武器をとって戦う兵士の意。

〈**斤**（おの）〉（斧）を両手（**廾**）でさしあげている形。
武器のこと、また、武器をとって戦う兵士のこと。
ほこ（**戈**）を両手（**廾**）で持つ形は〈**戒**〉で、警戒を意味するが、
では、斧を持つ〈**兵**〉とは、戦う兵士の勇ましさをあらわしているのだろうか？

『字統』にあたってみる。

観兵とは「兵を観す」意で、その武器と兵勢を誇示すること、すなわち示威の意がある。

しかし、春秋時代、越王・勾践に仕えた名臣として有名な范蠡は「夫れ勇は逆徳なり。兵は凶器なり。争は事の末なり」といい、孔子は民生の要として兵・食・信をあげて、「兵・食を去るも、信を失うべきではない」といった。

また、老子は「兵は不祥の器なり」（武器は不吉な道具である）といい、『春秋左氏伝』には「夫れ兵は猶火のごときなり。おさめずんば、将に自ら焚けんとするなり」とあるという。

そして、「兵」の項の最後に、白川静氏はこの『春秋左氏伝』の言について「古い語であるが、いまの時代に最も切当な語である」と言いきる。


つまり、兵とは凶器であり、不吉なものであり、使いつづければ自らを滅ぼすことになる――ということなのだ。

そのつもりで、〈**兵**〉の絵を描いてみる。

勇ましいというよりも、どこか不安げな兵士の姿になってしまった。

【第二十一場】

両手で若木を捧げもつ

芸［藝］

ゲイ

うえる

会意◎旧字は藝に作り、埶声。ト文の字形は若木を奉ずる形、また金文には左偏を木・土に従うて埶に作る字があり、種芸の意が明らかである。

旧字では〈藝〉。〈芸〉はその常用漢字。

広辞苑によると、

(1)修練によって得た技能。学問。わざ。

(2)技能をともなうあそびごと。あそびごとのわざ。また、機知や工夫。

などとある。

甲骨文字では、両手で若木を捧げもつ形。つまり、苗木を植える意味をもつ。

古代、若木を植えることは神事としての、また政治的な意味をもつ行為だった。

それで、その若い大切な木は、両手で恭しく捧げもつ。

両手でなければいけない。

この字のもとの形は〈埶〉だが、正字は両手でものを持つ形をふくんでいた。

〈藝〉とは、もと「うえること」なのだった。

人びとはどんな意味や思いをこめて、木を植えたのだろう。

思いはすくすく勢いよく育ち、なにかの形になったのだろうか。

〈藝〉の甲骨文字には、右ページの字とはべつに、人がややうつむき加減に

下へと手をのばし、いかにも木を植えようとしている字形のものもある。

しかし、その動作の一歩手前、これから植える木を恭しく捧げもつ字形のほうが、

この〈藝〉という字にはふさわしい気がして、その形を描いてみた。

文字掌話

「鵬」と「鳳」

——風をおこす鳥のはなし

「鵬」という字と、鳳凰の「鳳」は、
もとは同じ字だったらしい。
風をおこし、神意を伝達する風神をあらわした。
のちに、「鳳」のほうは瑞鳥としての鳳凰をあらわす字となり、
風神の観念は「鵬」に移されたという。

『荘子』の「逍遥遊篇」に、つぎのような文章がある。
「北冥に魚あり、其の名を鯤と為す。
鯤の大いさ其の幾千里なるかを知らず。
化して鳥と為るや、其の名を鵬と為す。
鵬の背、其の幾千里なるかを知らず。
怒して飛べば、其の翼は垂天の雲の若し。
是の鳥や、海の運くとき
則ち将に南冥に徙らんとす。
南冥とは天池なり」

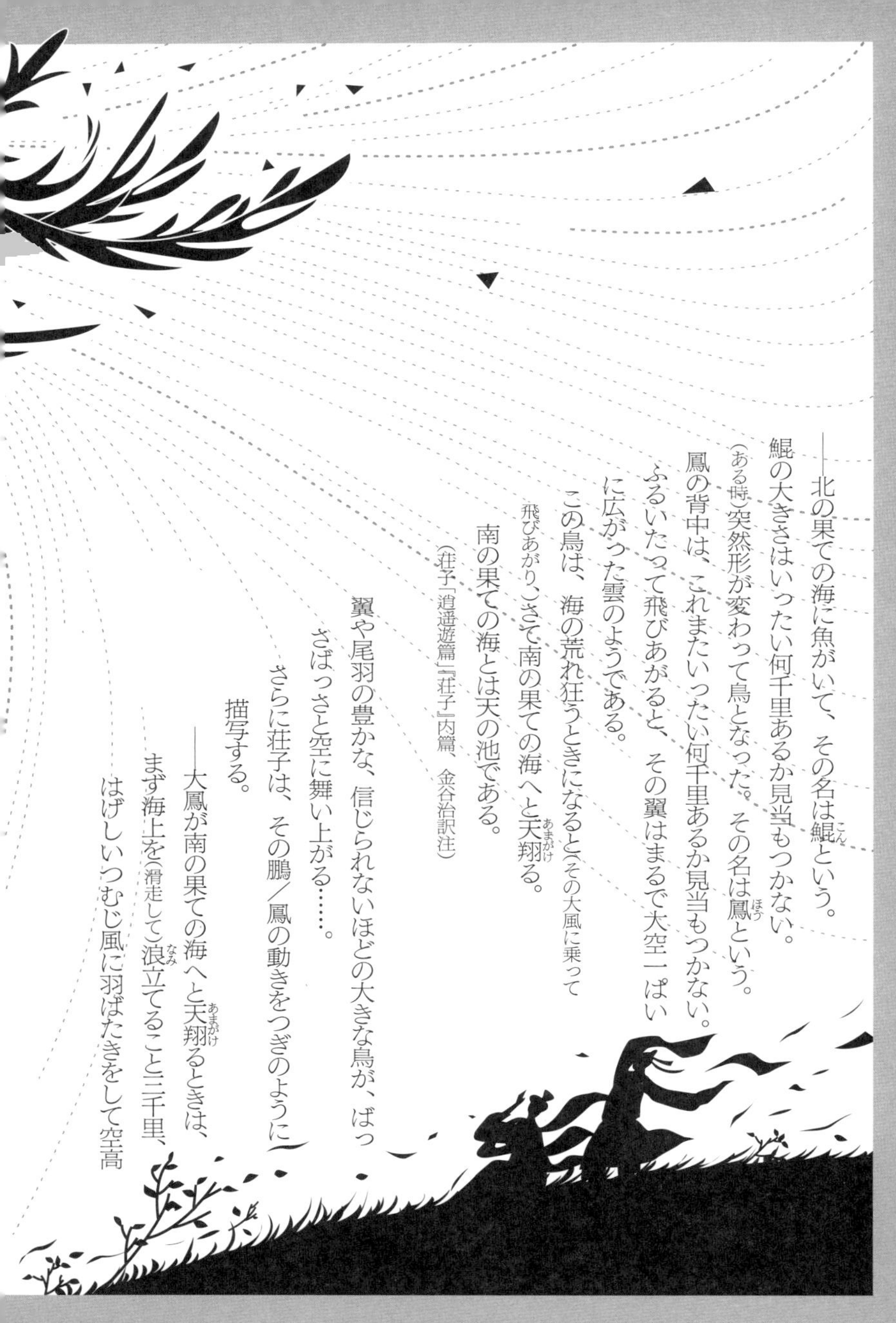

——北の果ての海に魚がいて、その名は鯤（こん）という。

鯤の大きさはいったい何千里あるか見当もつかない。

（ある時）突然形が変わって鳥となった。その名は鳳（ほう）という。

鳳の背中は、これまたいったい何千里あるか見当もつかない。

ふるいたって飛びあがると、その翼はまるで大空一ぱいに広がった雲のようである。

この鳥は、海の荒れ狂うときになると（その大風に乗って飛びあがり、）さて南の果ての海へと天翔（あまがけ）る。

南の果ての海とは天の池である。


（荘子「逍遥遊篇」『荘子』内篇、金谷治訳注）

翼や尾羽の豊かな、信じられないほどの大きな鳥が、ばっさばっさと空に舞い上がる……。

さらに荘子は、その鵬／鳳の動きをつぎのように描写する。

——大鳳が南の果ての海へと天翔（あまがけ）るときは、
まず海上を（滑走して）浪（なみ）立てること三千里、
はげしいつむじ風に羽ばたきをして空高

く舞い上ること九万里、
それから六月の大風に乗って飛び去るのだ。（同前）

この大鵬の活動は、まさしく台風のことだと、白川静氏は言う。

わたしたちはいま、気象衛星からの画像によって、台風の動きさえも空の上から見ることができる。しかし、かつては、黒ぐろとした厚い雲を下から見上げ、荒れ狂う波や風雨に脅威を感じることしかできなかった。古代の世界観からすれば、それはまさに大海で暴れる巨魚と、上空で大鳥に姿を変えた風神のしわざのようであったろう。

荘子の「逍遥遊」とは、とらわれのない自由なのびのびした境地に心を遊ばせること。

この、中国戦国時代の思想家は、魚に、鳥に、風に、雲に寄せて、その寓意的表現により自らの自在に対する思想を表現しようとしたのだった。

【第二十二場】

一歩一歩、ゆっくりとていねいに歩く

歩［步］

ホ

あゆむ・あるく・ゆく

会意◎止（足あとの形）と𣥂（足あとの形）とに従う。左右の足あとの形を前後に連ねた形で、前に歩行する意を示す。

〈**歩**〉の最初の字形は、左右の足あとの形を前後に重ねた形。

テレビドラマで「三国志」を観ていた。劉備玄徳（りゅうびげんとく）が諸葛孔明（しょかつこうめい）に会いに行くシーン。劉備は関羽や張飛が止めるのも聞かず、途中からわざわざ馬を降りていく。大事な人に会うには、歩してゆくのが礼儀だという。

劉備が実際どのように言い、どう行動したのかはさておき、三国志よりももっと古い時代、古代中国には「歩」という儀礼があった。

ただ人が歩くだけの動作なら、文字にはならない。文字の成立にはつねに理由と背景がある。

「歩」は、その地の霊に対する表敬的行為、たいせつな神事的儀礼であったようだ。

王が聖地に赴くときには「歩」していく。水を渡るのは「渉（しょう）」、神が梯子で天地を行き来するのは「陟（ちょく）」……。すべてが神事だ。

道教の書『抱朴子（ほうぼくし）』では、仙薬篇と登渉篇に「禹歩（うほ）」という記述がみえる。

仙薬とは仙人になるための薬。そのなかの諸芝を採りにいくには「特定の日を択（えら）び、祭をし、禹歩という歩き方をして、息をとめて近づき、開山却害符を上に乗せる」とある。

また、登渉とは山への登り方だが、入山の日の禁忌についての説明のなかに「禹歩で呪文を唱えながら歩く」とある。それぞれ微妙に歩き方が違う。

後世のシャーマンたちは、天と地を通じさせる儀式のとき、この特別な歩き方をとり入れた。

遥か遠い昔に天と地が分かれ、それから人は、天との通交が絶たれてしまった。

だから特別な役割をもつ人があいだに立って、地に、天に、祈りを捧げる。

一歩一歩、ゆっくりとていねいに進む。大地との接触を畏（おそ）れるように。

無駄のないていねいな足運びは、まるで舞踏のようでもあっただろう。

相撲の綱取りの儀式なども、ときに足先にまで魂がこもって、優雅な舞のように見えることがある。

一年の農耕のはじまり、狩猟の開始、戦争のはじめ……、それらの儀式にはすべて舞踏をともなったのも納得できる。

〈歩〉のなりたちが、いろんなことをつなげてくれる。

【第二十三場】

巫女が、両袖に羽飾りをつけて踊る

舞

ブ

まう・まい・おどる・はげます

会意◎無と舛（せん）とに従う。

無は舞う人の形で、舞の初文。のち無が有無（うむ）の無の意に専用されるようになって、下に舞うときの足の形を示す舛を加えて舞の字が作られた。

もとの字は〈**無**〉、両袖に羽飾りのような呪飾（じゅしょく）をつけた人の形。それに左右の足の形〈**舛**〉をそえて、〈**舞**〉という字になる。巫女（ふじょ）のおこなう雨請いの舞をいう。

農耕を主とする民族にとって、作物の豊凶は生活を大きく左右するものであり、古代の人びとの場合、そのほとんどを自然条件に依存していた。

農作物の害となるものには長雨、旱魃、虫の害……などあるが、もっとも怖れたのは旱魃であったようだ。

旱魃のとき、古い時代には王が自らを犠牲として神に捧げる儀礼もあったという。民のために王は自ら火あぶりになる。

旱魃、ひでりとは、それほど深刻な問題だったのだ。

雨請いの儀式は羽をかざした舞からはじまり、河や岳の神、または龍神に雨を祈る。

舞うとは、もとは神事であった。

春には雨をもとめ、秋には実りをもとめて天を仰ぎ、神聖な大地に足をつけて舞う。


巫女が、羽飾りのついた袖を上へと大きく振りかざしながら、足を軽やかに上げては、力強く踏みおろす。

絵を描いていて、この文字には足の形〈舛〉が、なくてはならないのだと思った。

祈りをこめて手をあげ、足をおろす。

舞によって天と地を結びつけるために。

その所作は、何度も何度もくり返され、やがてはひとすじの雨が落ちてくるのだ。

【第二十四場】

雲気が空に流れるかたち

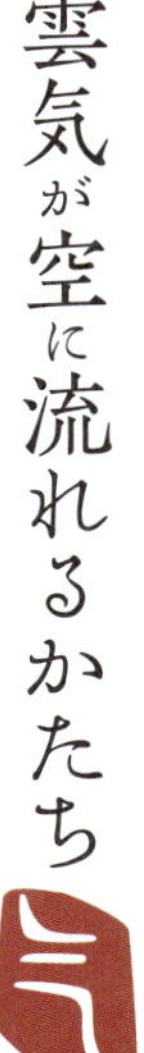

乞

キツ・コツ

こう・もとめる

象形◎雲気の流れる形。
氣(気)の初文は气、その初形は乞。
乞はもと雲気を望んで祈る儀礼を意味し、
乞求の意がある。(『字通』)

雲気の流れる形。もと气と同字。
のち分化して、气は雲気、乞は乞求の字となる。
古くは雲気をみて卜し、祈ったのである。(『字統』)

この字は好きな漢字のひとつだ。

雲気を象る〈气〉と、人が何かを求める意味の〈乞〉が、もとは同じ字であったなんて！
古代の人は、森羅万象すべてのものに霊力があると考えていた
……というより、そのように感じていたのだろう。
龍が棲む雲、その流れを見て何かを占う、気運をみる、
そして、それに対して願い、祈る。

〈神〉という字の最初の形は〈[illegible]〉（申）で、稲妻を象っていた。

雷は雲のなかにいるかもしれない。

雲を望み、祈る。それは神を望み、祈ることだ。

〈气〉は、のち、食べ物が大事なことから〈米〉を入れて、〈氣〉という字ができたらしい。

「乞食」というのは、人のもっともまっすぐな在り方なのかもしれない。

ときに聖人は豊かな家を出て、「乞食」のような暮らしをしたりする。


強く求めることは祈ることだと思う。

それは、ひとつぶの雨かもしれない。ひとかけらの食べ物かもしれない。大切な人かもしれない。

深く飢えて、強く求める、生きるために。よりよく生きるために。

強く願い、祈ること、それが「乞う」ということだ。

雷鳴とどろく雨雲を望みながら、この字のことを考えてみた。

【第二十五場】

死者を舁(かつ)ぐ

䙴

セン

うつる・のぼる

会意◎人の死屍の形と廾とに従う。死葬のとき、死屍を両手（廾）で舁ぐ形である。（古い字形の）上部（囟）は死者の頭部、下部はその跪坐する足の形。

遷［遷］

セン

うつる・うつす・かわる

形声◎声符は䙴。䙴は死者を殯するために板屋などに移す意の字で、遷の初文。

〈遷〉のもともとの字は、人の死屍の形と両手の形からできている。

夏の終わり、道には蝉の屍骸がよく転がっている。
ある日、下を向いて歩いていたら、あおむけの蝉の屍骸が移動していた。
思わず立ちどまって目を凝らす。蟻たちがそれを担いで歩いていたのだった。
その情景に、この字を思い、しばし釘付けになった。

〈䙴〉は、死屍を数人で舁いでいる形。〈遷〉は死者を殯するために
板屋などに移す意の字で、神霊を他に遷すこと。その遷された人を〈僊〉という。
荘子は現実を超えた実在の世界を、「眞(真)」と「僊」とをもって説いた。
眞人とは道の究極に達したものであり、時空を超える者。
そして時空を超える者とは〈僊〉だという。
「僊」はのちに「仙」をつかう。「仙人」というとわかりやすい。
しかし、文字のなりたちからいうと、
〈眞〉という字は行き倒れて死んでいる人をあらわし、〈僊〉とは遷された屍のこと。
荘子の説く時空を超えた世界は、この文字が示すように、
結局は人の儚い現実の姿をうつし出しているとしたら、
人の追い求める宇宙の広さと蝉の屍骸とに、どれほどの違いがあるだろうか。

【第二十六場】

草むらのなか、死者の骨を拾いあつめる

葬

ソウ

ほうむる

会意◎茻と死とに従う。茻は原野。
死は風化した死者の
残骨の象である歺を拝している形であるから、
死体を叢中に一時的に遺棄し、
その風化したものを収めて祭ることをいう。

〈**死**〉は、死者の残骨を拾いあつめ、拝み弔う形。
〈**葬**〉は、草むらをあらわす形と〈**死**〉からなる字。
死体を一時的に草むらに遺棄し、風化して残骨となったとき、その骨を拾い、
「ほうむる」こと。〈**歹**〉という形が、死者の骨の一部をあらわしている。
〈**葬**〉は、古い時代に複葬の形式があったことを示している。
ほかに、遺体を板屋におさめ、風化を待つことを殯（かりもがり）という。
時代や地域によって葬儀の仕方は異なるけれど、
古来、人は死者をていねいに葬り、祭ってきたのだということが文字からみえてくる。

漢字のなりたちを調べていて、いつも感じるのは、
文字のなかには過去しかないということだ。
ひとつの文字に、あふれるほどの過ぎた時間だけがつまっている。
そして、その文字の形にふれることで、遠い昔の人びとの生活や考え方を
知ることができる。すごいことだと、つくづく思う。
これは漢字文化圏に育った人間のちょっとうれしい特権だ。

中秋の名月、月とススキを見ての連想——。文字のなかに納められている
「過去」を見ながら、未来の「死」や「葬」について考えてみたいと思った。

【第二十七場】

転がるしゃれこうべ、雨ざらしの獣の革、月の白……

転がるしゃれこうべ
雨ざらしの獣の革
月の白……

七〇年代のブリティッシュロックの歌詞ではない。「覇者」「覇王」の〈覇〉という文字の風景。

〈覇〉のもとの字は〈霸〉。〈雨〉と〈革〉と〈月〉からなる。

覇［霸］

ハ・ハク

しろい・はたがしら

会意◎旧字は霸に作り、雨と革と月とに従う。初文は䨣に作り、雨と革とに従う。䨣は獣屍が雨に暴されて色が脱け、白くなっている形。のち月光の白さを示すために、䨣に月を加えて霸となる。

最初の字形は〈雨〉と〈革〉だけで構成されていた。

雨に暴（さら）されて色がぬけ、白くなった獣の革、
その生気を失った白色が月の色に似ていることから、月色を「覇」といったのだそうだ。

古代中国の青銅器にしるされた文（金文）に、

「初吉（しょきつ）・既生霸（きせいは）・既望（きぼう）・既死霸（きしは）」という月相をあらわす語がある。

「初吉」は、ようやく月のあらわれること。「既生霸」は半弦をこえること。

「既望」は満月のあと。「既死霸」は、半弦よりまた減っていくこと。

この〈覇〉を覇者の意味に使うのは〈伯〉の仮借（かしゃ）で、

〈伯〉は、白骨化したしゃれこうべの形である〈白〉からできた字だ。

儒教では、徳をもって天下を治める「王道」に対して、
武力・権力で治めることを「覇道」というらしい。
漢字は最初、権力をもつ人たちに必要とされたものだった。
民がつかうものとして生まれたわけではない。
月の色をあらわすための文字が、このようななりたちから生まれる。人の骨か、獣の革か……、
戦場に転がる屍（しかばね）の、雨ざらしの白。美しいような、そら恐ろしいような。
文字を必要とした人たちの心の奥は温かい白ではなく、
このような冷たく寂しい白だったのだろうか。

【第二十八場】

旗をあげて進む、旗に宿る神とともに

遊

ユウ・ユ

あそぶ・ゆく・まじわる

形声◎声符は斿。斿は氏族霊の宿る氏族旗を建てて、外に旅することを示す字で、遊の初文。自在に行動し、移動するものを遊といい、もと神霊の遊行に関して用いた語である。

旗をもつ人の形。氏族霊の宿る氏族旗をたてて外に旅することを示している。

〈**遊**〉とは「もと神霊の遊行に関して用いた語」で、人間的なものを超えた状態、つまりは「神とともにある状態」のことをいう。よく人は音楽や舞踊などをとおして、この状態に入ることができる。真の芸術家とはそういう、もっとも神に近い人…というべきかもしれない。

孔子も「芸に游ぶ」ことを人の至境であるとしている。
また、「遊戯」ということばがある。
無目的な無邪気な行動のようにとらえられているこのことばについて、
白川静氏は『中国古代の文化』でつぎのように書いている。

遊戯には、闘争という要素があるとされている。（中略）
古代の遊行する神も、内にたいする保護霊としての機能は、
同時に外にたいする闘争的な力として発動するわけであるから、
その意味で戦争は、遊戯的性格をもつということがいえそうである。
火あそびということばは、『広辞苑』に
「危険な遊び。特に、無分別な、その場限りの情事」とあるが、
尨大な原子力兵器を擁する大国のいまのありかたは、まさに火遊び的な遊戯である。

ときに神は、神威を動かして人を闘争にかりたてようとする。
それは神々にとっては遊びかもしれない。遊びは神の領分だ。
人は、神の遊びを模倣してはいけない。
そして、闘争を好む神霊の誘いにのってもいけない。

あとがき

西遊記に「斜月三星洞」というほこらが出てくる。孫悟空の名付け親の神仙がいるところだが、この名称、何をあらわしているかというと、「心」のこと。弓なりの画と三つの点からなる「心」の字形を、斜めの月と三つの星にみたてている。遠くまで行かずとも、心で仙術は学べるということだ。

この話を知ってからは、空にそんな細い月が見えるたびに、「心」という字を想う。本当のところは、「心」は心臓の象形なのだが、西遊記のおかげで、わたしにとって「心」のイメージは清々しい。

漢字にはそういう作用がある。文字ほんらいのなりたちや背景とは、またべつのエピソードによってつくられる印象、それもやはり「文字の風景」なのだと思う。

七年前に『絵で読む漢字のなりたち』(太郎次郎社エディタス)を出版して以降、『漢字なりたちブック1〜6』(同)や、『サイ(𠙵)のものがたり』(平凡社)ほか、これまでずいぶんと漢字の絵を描いてきました。漢字を絵にしていて驚くのは、文字の周辺のおもしろさです。ある文字のなりたちを調べていたつもりが、いつの間にか神話を読んでいたり、荘子の世界にはまりこんだり、歴史の本を開いていたり、天文学をひもといていたり、生き物のこと、機織りのしくみ、大工道具を調べていることもあります。

また、中国だけにとどまらず、インド、エジプト、西洋諸国、日本……いろんな場所ともつながっていきます。まさしく簡単に時間や空間を超える仙術のようです。

そんな「漢字まわり」の魅力を、わたしなりに絵と少しの文章によって語れたらと思い、二〇一三年からフェイスブック上で『漢字の物語《一字一絵》』として綴ってきました。

この本は、そこから選んだものに新たな内容を加え、まとめたものです。いわば個人的な漢字がたりのアレコレですが、このたび思いがけず「文字場面集」という姿での誕生となりました（「文字場面集」とは七年前、拙著に序文を書いてくださった松岡正剛さんによることばです）。編集の北山理子さん、ブックデザインの佐藤篤司さんをはじめ、この本の制作にかかわってくださったすべての方に心よりお礼を申し上げます。

そしてなにより故・白川静博士、あのタイムマシーンのような字書をこの世に残してくださったことに感謝しつづけています。『字統』をはじめとする先生の字書は、わたしの「斜月三星洞」です。

この文字場面集は、まだまだ続いていきます。これからも可能なかぎり、お付きあいいただければ幸いです。

二〇一七年十月吉日

金子都美絵

［出典と参考文献］

●字書・辞書

白川静『新訂 字統』『字通』『新訂 字訓』（いずれも平凡社）

＊――本文中では『字統』『字通』『字訓』と表記しています。

新村出編『広辞苑』（岩波書店）

●他の引用・参考文献

小南一郎『西王母と七夕伝承』（平凡社）……p.27「経」

白川静訳注『詩経国風』（東洋文庫、平凡社）……p.31「希」

金谷治『易の話――「易経」と中国人の思考』（講談社学術文庫）……p.67「盈」

袁珂『中国の神話伝説〈上〉』鈴木博訳（青土社）……p.68-71「羿の神話」

山田慶兒・土屋榮夫『復元 水運儀象台――十一世紀中国の天文観測時計塔』（新曜社）……p.83「蓋」

矢野憲一『杖』（ものと人間の文化史、法政大学出版局）……p.91「争」

荘子「逍遥遊篇」『荘子』第一冊・内篇、金谷治訳注（岩波文庫）……p.100-103「『鵬』と『鳳』」

「抱朴子」『中国古典文学大系（8）』本田済訳（平凡社）……p.107「歩」

白川静『中国古代の文化』（講談社学術文庫）……p.131「遊」

［著者紹介］

金子都美絵（かねこ・つみえ）

一九六三年生まれ。画工。白川静文字学を画本にする仕事として『〈白川静の絵本〉サイのものがたり』（白川静＝著、平凡社）、『絵で読む漢字のなりたち』（小社刊）がある。また、『漢字なりたちブック』（全六巻、伊東信夫著）、『新版101漢字カルタ』『新版98部首カルタ』『ようちえんかんじカルタ』（いずれも小社刊）ですべての絵と古代文字を描く。古代文字フォント「春秋-tsu」を制作し、フリー公開中（www.tarojiro.co.jp/kanji/shunju-tsu/）。

フェイスブック……漢字の物語「一字一絵」 www.facebook.com/ichijiichie

［文字場面集］一字一絵（いちじいちえ）
絵で読む漢字の世界

二〇一七年十一月十日　初版印刷
二〇一七年十二月一日　初版発行

著者　金子都美絵
デザイン　佐藤篤司
発行所　株式会社　太郎次郎社エディタス
東京都文京区本郷三-四-三-八階　〒一一三-〇〇三三
電話　〇三-三八一五-〇六〇五
FAX　〇三-三八一五-〇六九八
http://www.tarojiro.co.jp/
電子メール　tarojiro@tarojiro.co.jp
印刷・製本　精興社

定価はカバーに表示してあります
ISBN978-4-8118-0826-0 C0095

［**本のご案内**］

魅力あふれる切り絵調の絵とともに、
一二五文字のなりたちが色鮮やかに展開する。
白川文字学にもとづく初のビジュアル本。好評五刷。

絵で読む漢字のなりたち

白川静文字学への扉　金子都美絵

四六判／本体一三五〇円＋税　ISBN978-4-8118-0738-6

文字解説＝白川静『常用字解』より

松岡正剛氏序文——

「**すこぶる劇的な文字場面集**」

ページを繰るたびに
まるで古代中国を再現した
芝居の舞台が展開されるように、
漢字の意味意匠がとびこんでくる一冊なのである。

もくじから……◉驚きの字源◉文字になった動物たち◉天に棲むもの◉女性とシャーマン
◉目の呪力◉生の儀礼◉古代の死生観◉カタチを読み解く◉おもう心